UNION FRANCO-AMÉRICAINE

DISCOURS

DE

MM. HENRI MARTIN, E.-B. WASHBURNE, ÉDOUARD LABOULAYE

ET J.-W. FORNEY

PRONONCÉS AU

BANQUET DU 6 NOVEMBRE 1875

AU SIÈGE DU COMITÉ

— 175 — RUE SAINT-HONORÉ — 175 —

ET A LA BIBLIOTHÈQUE CHARPENTIER

13, RUE DE GRENELLE-SAINT-GERMAIN, 13.

PARIS

Prix : 1 fr. 50

COMPTE RENDU

DU

BANQUET DU 6 NOVEMBRE 1875

PARIS. — TYPOGRAPHIE LAHURE
Rue de Fleurus, 9

UNION FRANCO-AMÉRICAINE

DISCOURS

DE

MM. HENRI MARTIN, E.-B. WASHBURNE, ÉDOUARD LABOULAYE

ET J.-W. FORNEY

PRONONCÉS AU

BANQUET DU 6 NOVEMBRE 1875

AU SIÉGE DU COMITÉ

175 — RUE SAINT-HONORÉ — 175

ET A LA BIBLIOTHÈQUE CHARPENTIER

13, RUE DE GRENELLE-SAINT-GERMAIN, 13

PARIS

PIERRE PETIT, PHOT   51, PLACE CADET

UNION FRANCO-AMÉRICAINE

MEMBRES DU COMITÉ

DE L'UNION FRANCO-AMÉRICAINE

MEMBRES D'HONNEUR

WASHBURNE
Ministre plénipotentiaire
des États-Unis, à Paris.

Mis DE ROCHAMBEAU

AM. BARTHOLDI
Ministre plénipotentiaire
de France à Washington.

Mis DE NOAILLES
Ambassadeur de France
à Rome.

J. W. FORNEY
Commissaire général en Europe
de l'Exposition univ. des États-Unis.

ÉD. LABOULAYE
président du comité directeur.

Henri MARTIN — DIETZ-MONIN
vice-présidents.

Oscar DE LAFAYETTE — Jules DE LASTEYRIE
Paul DE RÉMUSAT — Cte DE TOCQUEVILLE — WADDINGTON
CORNELIS DE WITT — Jean MACÉ — Cte SÉRURIER
WOLOWSKI — L. SIMONIN — V. BORIE — Aug. BARTHOLDI.

A. CAUBERT — DE LAGORSSE
commissaire-délégué.   *secrétaire-trésorier.*

LE MONUMENT DE L'INDÉPENDANCE
SERA EXÉCUTÉ EN COMMUN PAR LES DEUX PEUPLES
ASSOCIÉS DANS CETTE ŒUVRE FRATERNELLE
COMME ILS LE FURENT JADIS POUR FONDER L'INDÉPENDANCE.
NOUS AFFIRMERONS AINSI, PAR UN SOUVENIR IMPÉRISSABLE
L'AMITIÉ QUE LE SANG VERSÉ PAR NOS PÈRES
AVAIT SCELLÉE JADIS ENTRE LES DEUX NATIONS.

COMPTE RENDU

DU BANQUET DU 6 NOVEMBRE 1875.

Depuis plusieurs années déjà, quelques Français dévoués à leur pays, aimant l'Amérique, songeaient à réunir dans une commune manifestation, leurs compatriotes et les Américains, à l'occasion des fêtes du Centenaire de l'Indépendance, à saisir l'occasion de cet anniversaire pour renouveler et rajeunir l'ancienne amitié des deux nations.

L'idée d'édifier un monument consacrant à jamais cette date glorieuse, se présenta d'abord et tout naturellement à leur esprit; et cette idée prit bientôt une forme digne des circonstances qui l'avaient inspirée, elle devint l'image colossale, unique par ses dimensions, déjà popularisée, en France, par la gravure et la photographie : la statue de « la Liberté éclairant le Monde. »

En souvenir du pacte ancien, comme gage du nouveau, il fallait, de plus, que les deux peuples, alliés jadis sur les champs de bataille pour fonder l'indépendance américaine, confondissent derechef leur action, en contribuant à parts égales aux frais de cette entreprise doublement patriotique.

Le projet longuement mûri, soigneusement étudié, le choix de l'emplacement et les moyens d'exécution ayant été l'objet de sérieuses délibérations, d'un examen attentif, les premières résolutions furent prises d'un commun accord entre les Américains amis de la France et les Français amis des États-Unis, qui ont été les promoteurs et sont aujourd'hui les plus actifs collaborateurs de l'Union franco-américaine. Un premier comité était formé.

Ce comité assura à l'œuvre, en Amérique et en France, le patronage des hommes les plus considérables et les plus justement considérés, sans distinction d'opinion, afin de donner à cette grande manifestation, qui devait unir les cœurs de tous les patriotes des deux côtés de l'Atlantique, un caractère exclusivement national.

On ne négligea rien pour rendre certaine, d'abord, la réussite de l'entreprise, et ce fut seulement lorsque toutes les conditions de succès eurent été réunies, que le comité fondateur fit connaître son existence au public, et adressa un chaleureux appel aux patriotes des deux nations.

Ce premier appel était ainsi conçu :

« L'Amérique va célébrer prochainement le centième Anniversaire de son indépendance. Cette date marque une époque dans l'histoire de l'humanité : au Nouveau Monde, elle rappelle son œuvre, la fondation de la grande République ; à la France, une des pages qui font le plus d'honneur à son histoire.

« De concert avec nos amis des États-Unis, nous pensons que c'est là une occasion solennelle d'associer la France et l'Amérique dans une commune manifestation. Malgré la distance des temps, les États-Unis aiment à se rappeler une ancienne fraternité d'armes ; toujours on honore chez eux le nom de la France. Le grand événement que l'on doit fêter, le 4 juillet 1876, nous permet de célébrer avec nos frères d'Amérique la vieille et forte amitié qui unit long-temps les deux peuples.

« Le Nouveau Monde s'apprête à donner à cette fête une splendeur extraordinaire ; des amis des États-Unis ont pensé que le génie de la France devait s'y montrer sous une forme éclatante. Un artiste français a traduit cette pensée dans un projet digne de son but, et qui a réuni tous les suffrages ; il s'est mis d'accord avec nos amis d'Amérique et a préparé tous les moyens d'exécution.

« Il s'agit d'élever, en souvenir du glorieux Anniversaire, un monument exceptionnel. Au milieu de la rade de New-York, sur un îlot qui appartient à l'Union des États, en face de Long-Island, où fut versé le premier sang pour l'Indépendance, se dresserait une statue colossale, se dessinant sur l'espace, encadrée à l'horizon par les grandes cités américaines de New-York, Jersey-City et Brooklyn. Au seuil de ce vaste continent, plein d'une vie nouvelle, où arrivent tous les navires de l'Univers, elle surgira du sein des flots ; elle représentera : « LA LIBERTÉ ÉCLAIRANT LE MONDE. » La nuit, une auréole lumineuse, partant de son front, rayonnera au loin sur la mer immense.

« Ce monument sera exécuté en commun par les deux peuples, associés dans cette œuvre fraternelle comme ils le furent jadis pour fonder l'Indépendance. Nous ferons hommage de la statue à nos amis d'Amérique : ils se joindront à nous pour subvenir aux frais de l'exécution et de l'érection du monument qui servira de piédestal.

« Nous affirmerons, par un souvenir impérissable, l'amitié que le sang versé par nos pères avait scellée jadis entre les deux nations.

« Réunissons-nous pour célébrer cette fête des peuples modernes : il nous faut être nombreux pour donner à cette manifestation l'élan qu'elle doit avoir, afin d'être digne du passé. Que chacun apporte son obole ; les plus faibles souscriptions seront bien accueillies. Que le nombre des signataires témoigne des sentiments de la France.

« Les listes seront réunies en volumes pour être offertes à nos amis d'Amérique.

« Reconnaissants de l'amitié dont on veut bien les honorer aux États-Unis, les membres du Comité directeur ont accepté la mission de prendre l'initiative du mouvement : il sera grandement suivi de l'autre côté de l'Océan. Nous espérons recueillir partout de sympathiques adhésions. »

Cet appel, et tous ceux qui l'ont suivi, ainsi que le banquet du 6 novembre, la fête du Palais de l'Industrie, les concerts, les conférences, les représentations théâtrales qui se préparent et s'organisent en ce moment, ont pour but, on vient de le voir, de provoquer des souscriptions dont le montant sera affecté à l'érection d'une statue colossale, placée, comme le gage d'une alliance éternelle entre les deux peuples, dans la vaste baie de New-York. Aucun autre lieu n'était plus propre à mettre en évidence, à exposer aux yeux des hommes de toutes les nationalités, le monument que le comité de l'Union franco-américaine se propose d'élever en commémoration du premier centenaire de la déclaration d'indépendance.

Dans la baie se trouvent trois îles d'inégale grandeur. La plus grande, Governor's-Island, à l'est, se rapprochant de Long-Island et de Brooklyn ; les deux autres, Ellis et Bedloe, à l'ouest, du côté de Jersey-City. Avec l'agrément du gouvernement américain, le Comité a choisi la plus petite de ces trois îles, l'îlot de Bedloe, situé presque au centre de la baie, inclinant vers le nord-ouest, pour y construire le monument commémoratif destiné à cimenter l'union des deux peuples.

La statue est confiée aux soins et au talent éprouvé du statuaire Bartholdi qui, le premier, avait su donner un corps à la pensée encore vague du Comité.

Le modèle est assez avancé pour qu'on en puisse donner une description. La statue est debout; le bras droit, dressé par un mouvement d'une grande énergie, sans raideur, porte un flambeau ou un phare fixé dans la main. Le bras gauche est serré au corps, l'avant-bras recourbé en avant, la main à moitié fermée, soutenant des tables sur lesquelles est inscrite la Déclaration d'Indépendance. Une tunique aux larges plis, en partie recouverte du peplum antique, descend des épaules jusqu'aux pieds. La tête est ceinte d'un diadème, duquel s'échapperont des rayons lumineux éclairant au loin New-York, Jersey-City, Brooklyn, la baie entière et ses rives couvertes de châteaux, de villas splendides, de magnifiques maisons de campagne s'étageant sur les hauteurs ou venant baigner dans la mer.

La statue, en cuivre repoussé, aura trente-deux mètres de haut, plus de cent pieds américains. L'élévation du piédestal sur lequel elle reposera sera de vingt-cinq mètres. Une ingénieuse combinaison assurera la stabilité de la statue, destinée à supporter sans accidents, malgré sa grande élévation, les rudes et continuels assauts des vents et des tempêtes de la mer.

Les monuments du même genre sont ordinairement revêtus à l'intérieur d'une couche épaisse de maçonnerie, bâtie autour de l'armature en fer, et adhérente à l'enveloppe extérieure. M. Bartholdi et l'ingénieur chargé de la confection et de l'érection du monument, ont imaginé un système de cloisons intérieures, s'élevant à peu près jusqu'aux hanches, remplaçant la maçonnerie, et qui seront remplies de sable. Avec la maçonnerie, si quelque accident survient, il faut démolir; tandis qu'avec des cloisons, il suffira d'ouvrir un clapet ménagé à la surface inférieure de chaque cloison, et le sable s'écoulera de lui-même.

Ce travail intéressant est, en ce moment, l'objet d'une étude spéciale de la part de M. Viollet-Leduc.

La partie matérielle de l'œuvre est bien conçue ; le talent de M. Bartholdi en assure l'heureuse exécution au point de vue artistique ; quant à l'idée elle-même, en est-il une plus généreuse, plus féconde en heureux résultats ?

La coopération de la France à l'affranchissement de l'Amérique est un des plus grands faits de notre histoire, et la commission franco-américaine, en prenant l'initiative du monument qui doit en perpétuer la mémoire, a fait preuve du plus intelligent patriotisme. Aucune autre démarche, aucune autre tentative ne pouvait assurer, d'une manière plus certaine, notre influence aux États-Unis. Il suffit de consulter sur le résultat de cette manifestation tous ceux de nos nationaux qui ont habité ou qui habitent l'Amérique du Nord. Tous se sont associés avec enthousiasme au projet du comité de l'Union franco-américaine, tous le regardent comme le prélude d'une union étroite et permanente entre les deux peuples.

Afin de bien marquer cette union, il a été décidé, d'un commun accord, entre les membres américains et les membres français du Comité, que le monument serait l'œuvre collective des souscripteurs des deux nations : l'argent américain sera employé à l'édification du piédestal, l'argent français à l'exécution de la statue.

Le banquet du 6 novembre a été la première manifestation publique du comité de l'Union franco-américaine, et, s'il est permis de juger quelquefois de l'avenir par le présent, cette splendide réunion est du plus favorable augure pour la réussite de l'entreprise.

Les membres français du Comité, c'est-à-dire MM. Laboulaye, Henri Martin, Dietz-Monin, Oscar de Lafayette, Jules de Lasteyrie, Paul de Rémusat, comte de Tocqueville, Waddington, Cornelis de With, Jean Macé, Wolowski, Victor Borie, Auguste Bartholdi et de Lagorsse, avaient adressé une invitation aux membres américains et aux membres d'honneur : à MM. Washburne, ministre plénipotentiaire des États-Unis à Paris, marquis de Rochambeau, marquis de Noailles, ambassadeur de France à Rome, Am. Bartholdi, ministre plénipotentiaire de France à Washington, J. W. Forney, commissaire général en Europe de l'exposition universelle des États-Unis. Les ministres, bon nombre de députés, les principaux fonctionnaires de la ville de Paris, les membres de la colonie américaine, les rédacteurs des grands journaux français, américains et anglais, avaient été conviés de leur côté, et le 6 novembre, à huit heures, deux cents personnes environ se réunissaient dans les salons de l'hôtel du Louvre, décorés et pavoisés pour la circonstance.

Voici, sauf peut-être quelques omissions, les noms des personnes qui avaient répondu à l'appel du Comité et qui ont pris place au banquet :

MM. le général marquis d'Abzac, Appleton, Ed. About, Artaud, Allou, Arbel, Arnoux, marquis de Bouillé, Bacon, Bapst, Baralle, Victor Borie, Aug. Bartholdi, Bozérian, capitaine Bocandé, Blowitz, correspondant du *Times*, comte de Bouillé, Léon Brière, Bienvenu, de Cœne, Jules Claretie, de Choiseul, Choviteau, Francis Charmes, Oscar Commettant, Victor Cochinat, Cadio, Léon Chotteau, docteur Crane, Caubert, Charton, Kremer, Cornélis de Witt, Cernuschi, Carnot, Cousin, de Chennevières, Crawfort, correspondant du *Daily-News*, Alexandre Dumas, Deroy, Amé Detmold, Dietz-Monin, Desbeaux, général Dunn, général Eaton, docteur Evans, colonel Evelyn, Thomas Grimm, colonel Fuller, comte Foucher de Careil, Charles Floquet, Flotard, amiral Fourichon, colonel J. W. Forney, François Favre, Eugène Thénot, rédacteur en chef de la *Gironde*, Goupil, Regis Gignoux, Guéroult, de Girardin, Gaillardet, Guyot-Montpayroux, Léon Guillet, Guyon, Gerschell, rédacteur du *Journal du Havre*, Hooper, Halanzier, Hiélard, Hébrard, vicomte d'Harcourt, James Long, Jozon, Juster, Jourdain, Jourde, Johnston, amiral Jurien de la Gravière, Julien, Kœchlin-Schwartz, King, Kern, Léon Kerst, Le Cesne, Laboulaye, Jules Leroy, Laveissière, Oscar de Lafayette, Lévy-Bing, Ch. de Lesseps, Eug. Liébert, Martel, Ad. Michel, de Lagorsse, Jean Macé, Henri Martin, Menier, Monduit, Molinari, Marius Topin, le maire de Meaux, le maire de Nancy, le maire de Rouen, Nicolle, Outry, Offenbach, amiral Pothuau, Émile Perrin, Pierre Petit, de Pène, Reynolds, Rolot, docteur Ricord, Ryan, Alexandre Rey, de Rosny, Edmond Texier, Léon Renault, comte Sérurier, Sénard, Jules Simon, Léopold Sée, Simonin, baron de Soubeyran, Savary, Léon Say, ministre des finances, général Sickles, Burty, Aurélien Schöll, de Saint-Jean, Tortbert, comte de Tocqueville, Valentin, de Vos, Viollet-Leduc, Pierre Véron, Sarcey, Charles Vincent, Wallon, ministre des beaux-arts, Weston, Warella, docteur Wines, Wahsburne, ministre des États-Unis. —

On voit, par cette nomenclature, que le banquet réunissait des hommes de toutes les opinions : les principaux ministres, des députés, l'aide de camp et le secrétaire du président de la République, le président du Conseil municipal de Paris, des généraux américains et français, des académiciens, des littérateurs, des savants, et des journalistes représentant toutes les variétés et toutes les nuances politiques. C'est qu'en effet l'idée de célébrer, en France, le centenaire de l'indépendance des États-Unis, et d'en perpétuer la mémoire par l'érection d'un monument colossal élevé, pour une part, avec l'argent de la France, comme l'indépendance américaine fut conquise autrefois, en partie, au prix du sang français, est une idée patriotique et même politique, comme on l'a dit avec raison, mais non une idée de parti.

Les discours prononcés, pendant le banquet, et que nous allons reproduire, ont donné, du reste, à l'œuvre du Comité de l'Union franco-américaine, son véritable caractère.

M. Henri Martin est le premier qui ait pris la parole. Il s'est exprimé en ces termes :

Messieurs,

J'ai l'honneur de vous proposer un toast au président de la République des États-Unis d'Amérique. Rendre hommage à l'homme qui a l'honneur de représenter un grand pays devant les nations étrangères, c'est honorer ce peuple lui-même dans la personne de celui qui est son organe ; c'est réunir ce qui ne devrait jamais être séparé, la nation et celui qui la représente. (*Très-bien ! très-bien !*) Je propose donc de rendre hommage à l'homme qui remplit dignement cette première magistrature de l'Union américaine, illustrée par tant de grands hommes, consacrée de nos jours par le sang d'un glorieux martyr. (*Applaudissements.*)

M. le président Grant a donné l'imposant exemple des fortes et solides qualités qui caractérisent le génie américain dans son simple et puissant équilibre. Il a été un de ceux que le succès n'enivre pas plus que la mauvaise fortune ne les abat ni ne les décourage, il est de ceux qui savent allier la modération à la force. (*Applaudissements.*)

Ces qualités sont celles qui ont fondé et qui maintiendront cette société américaine qui a montré, aux temps modernes, qu'il était possible de fonder et de faire durer une grande société politique sur les principes du droit et de la liberté. (*Très-bien ! très-bien !*)

Messieurs, il y aura bientôt un siècle révolu que la République américaine a été fondée et que notre patrie a donné fraternellement son concours à cette fondation.

C'est afin de nous préparer à célébrer dignement cé grand anniversaire que nous sommes ici réunis, Américains et Français, fils des deux patries et des deux mondes.

Quand on évoque ces souvenirs en France, on peut être sûr de réunir tous les esprits et tous les cœurs : ces souvenirs si chers à la France nouvelle, l'ancienne France aussi peut en revendiquer sa part; ils ont été la dernière de ses gloires. Parmi nous est assis le petit-fils d'un homme qui a eu l'honneur si bien mérité d'être l'initiateur de la grande ère de 1789. Cet homme auparavant avait contribué de son épée à fonder cette grande société américaine qui fut, en quelque sorte, le berceau de notre liberté. A côté de lui, l'ancienne France avait envoyé un général et une armée, qui portaient encore le vieil uniforme de Fontenoy, combattre auprès des citoyens de la République naissante.

J'ai en face de moi un homme qui porte dignement ce grand nom de Lafayette. C'était à lui, plutôt qu'à moi, qu'il appartenait de réveiller ces souvenirs dans des cœurs américains.

Parmi les promoteurs de l'œuvre qui nous réunit ici, nous avons aussi l'honorable représentant du nom du général Rochambeau ; nous avons aussi présent à cette table un autre descendant des généreux combattants de cette époque à jamais mémorable.

Ceux d'entre nous qui aiment à rappeler ce passé de la France, dans lequel il y eut bien des gloires; ceux dont toutes les pensées se portent vers l'avenir, s'accordent tous quand il s'agit de l'Amérique.

Cette statue, dont nous voyons ici le premier jet, le

premier modèle, lorsqu'elle s'élèvera sur son piédestal, à l'entrée du nouveau monde, se tournant vers le monde ancien, élevant dans les airs son flambeau pour rendre à l'Europe la lumière qu'elle en a reçue, la France la saluera de loin d'une acclamation. Elle la saluera comme le majestueux et durable symbole de cette amitié qui unira nos descendants, comme elle nous unit en ce jour, d'une rive à l'autre de l'Océan. (*Applaudissements.*)

Que l'on nous dise, si l'on veut, que nous appartenons à des races différentes, qu'importe? Qu'on vous appelle Anglo-Saxons, qu'on nous appelle Latins, en réalité, nous avons dans les veines, vous et nous, le sang mêlé de bien des races antiques. Qu'importe? disje; ce n'est pas par les liens matériels du sang et de la race que s'uniront dorénavant les nations; c'est par la communauté des idées, des sentiments, des intérêts légitimes. Les idées, il y a longtemps qu'elles sont communes entre nous. Tandis que vos pères les traduisaient les premiers en actes glorieux, nos penseurs, nos écrivains les propageaient dans le monde. Nos pères ont alors essayé de les réaliser dans des conditions moins heureuses et plus difficiles que les vôtres.

Nous y persévérerons après eux, et rien ne nous découragera dans cette sainte entreprise. Nous avons à porter le fardeau d'un passé que vous ne connaissez pas : principe pour nous de bien des entraves, de bien des obstacles. Nous persévérerons, et nous aussi nous atteindrons le but! Quand vous avez traversé les heures sombres, nous avons toujours gardé notre foi dans les destinées de la libre Amérique; nous n'avons jamais

douté que de ses maux et de ses périls elle ne sortît plus grande et plus prospère. Vous aussi, nous l'espérons, vous croyez à notre avenir. Oui, nous réaliserons cette société libre qui se fonde sur la justice et sur le respect de tous les droits; nous aurons et nous garderons cette liberté qui assure à chacun ses droits et qui réclame de chacun ses devoirs (*applaudissements*), cette liberté grâce à laquelle chacun peut développer pour le bien de tous les facultés qu'il a reçues de Dieu ! (*Très-bien !*) Nous avons foi que la fraternité qui nous a unis dans le passé nous unira dans l'avenir.

Messieurs, à la République des États-Unis d'Amérique ! au président des États-Unis ! (*Applaudissements.*)

M. Washburne a répondu, en anglais, au toast de M. Henri Martin par une remarquable improvisation, heureusement recueillie, et dont voici la traduction exacte et complète.

Je regrette qu'il ne soit pas en mon pouvoir de répondre dans votre belle langue au toast qui a été porté au premier magistrat de la République américaine par un de vos concitoyens les plus distingués, M. Henri Martin. Vous me permettrez donc de faire usage de la mienne, qui est si bien comprise de vous tous, pour remercier, en mon nom et en celui de mes compatriotes ici présents, votre estimable vice-président pour le toast qu'il a porté au général Grant et pour le juste tribut d'éloges qu'il a rendu à cet homme éminent, dont les grands services lui ont valu, avec la considération et la reconnaissance de ses concitoyens, le respect de toutes les autres nations. (*Applaudissements.*)

Peut-être, sans prétendre aller plus loin, devrais-je m'arrêter ici. Lorsqu'un ami me parla de votre banquet, je lui dis que si j'avais la satisfaction de m'y trouver, j'espérais que je ne serais point appelé à y prendre la parole, d'abord parce que cela n'était pas dans mes habitudes, — en réalité cela n'y fut jamais, — et, ensuite, parce que mon gouvernement n'encourageait pas ses agents diplomatiques à prononcer des discours. C'est là une règle dont il est permis de s'écarter quand il s'agit d'hommes aussi distingués comme orateurs que notre ministre en Angleterre, le général Schenck, et notre dernier ministre en Espagne, le général Sickles, mais qui, à mon avis, est excellente en tant qu'elle s'applique à moi. (*Rires.*)

Je crois, cependant, que quelque chose peut être pardonné à l'esprit du moment. Je dois avouer qu'il y a ici dans l'atmosphère, ce soir, un tel sentiment de cordiale amitié et de fraternité internationale, qu'il me serait difficile de garder le silence et de ne pas donner cours à l'émotion qui m'envahit. Il y a, en effet, quelque chose de touchant, quelque chose qui vous transporte, dans cette magnifique conception du peuple français d'ériger sur les rivages de l'Amérique un monument sorti des mains habiles de votre remarquable artiste M. Bartholdi, qui rappellera le centième anniversaire de l'indépendance de mon pays et qui sera le signe durable de cette ancienne amitié entre la France et les colonies américaines que le meilleur sang des deux peuples a scellée. (*Vifs applaudissements.*)

L'œuvre, dont l'initiative est prise ici par la France dans cet esprit fraternel qui nous remplit, nous tous Américains, d'orgueil et de reconnaissance, trouvera de l'écho chez tous nos compatriotes de l'autre côté de l'Atlantique. (*Applaudissements.*)

L'histoire a enregistré dans ses pages les plus brillantes les étonnantes phases de notre lutte révolutionnaire ; mais il est bien pour nous de rappeler au bout d'un siècle quelques-uns des souvenirs de cette lutte, qui a de beaucoup dépassé, dans ses résultats, tout ce que, à cette époque, l'imagination la plus hardie aurait pu espérer ou même rêver.

Vous, Monsieur le Président, vous si profondément versé dans l'histoire de votre pays, et laissez-moi dire aussi, si profondément versé dans celle du mien, — quoique vous n'ayez pas mis le pied sur notre sol libre et hospitalier, et que vous vous proposiez de le faire l'année prochaine seulement, — vous qui semblez connaître notre pays mieux que la plupart de ceux qui y sont nés, vous pouvez aisément remonter avec nous par la pensée à un siècle en arrière, à l'époque où ce grand ministre français, ce grand homme d'État qu'on appelait le comte de Vergennes, dirigeait vos affaires extérieures.

Le comte de Vergennes, dont le nom ajoute un lustre de plus à vos annales et dont la mémoire sera à jamais chère aux Américains, fut l'âme et le ressort du mouvement qui aboutit à l'alliance avec les colonies américaines. Ce fut en 1776 que le Congrès continental envoya deux commissaires en France : Silas Dean, du Connecticut, et Arthur Lee, de la Virginie. Leur mission était de recher-

cher l'assistance et l'appui de « quelque nation euro-
péenne ». Il y a trois jours j'ai vu aux archives de votre
ministère des affaires étrangères les instructions origi-
nales de ces commissaires ; elles portent, dans un anglais un peu archaïque : « La France a été marquée
(*pitched upon*) pour être le but de notre première demande par suite de cette opinion que si nous réussis-
sions, comme il est probable que nous y réussirons, à
accomplir notre séparation définitive de la Grande-Bretagne, elle serait considérée comme la puissance dont il
nous faudrait surtout obtenir et cultiver l'amitié. » C'est
avec une profonde émotion que j'ai lu à vos archives le
texte original de la lettre écrite de la main ferme et hardie du docteur Franklin, signée par lui, ainsi que par
Silas Dean et Arthur Lee, auxquels il avait été adjoint,
et adressée, à la date du 23 décembre 1776, au comte
de Vergennes, pour lui proposer une alliance entre la
France et les colonies. Ce fut là le point de départ et le
fondement de cette union et de cette amitié entre les
deux pays qui est devenue traditionnelle et qui, nous
en avons l'espoir, sera perpétuelle. (*Applaudissements
prolongés.*)

Dean et Lee étaient des hommes relativement inconnus ; mais la renommée de Franklin l'avait précédé
dans le Vieux-Monde ; il était déjà regardé comme un
sage, comme le premier homme d'État de son temps, et
son nom était destiné à être salué avec respect et défé-
rence jusqu'aux âges les plus reculés, partout où la civi-
lisation a pénétré. C'est un Français, un Français qui a
toujours eu des égards exceptionnels pour la mémoire
de Franklin, c'est votre grand Turgot qui lui a rendu cet

hommage glorieux de dire de lui qu'il avait « maîtrisé
la foudre et enchaîné le sceptre des tyrans. » (*Très-bien,
longs applaudissements.*) Franklin vécut longtemps dans
votre belle et incomparable cité, dont l'influence s'éten-
dait alors comme aujourd'hui sur le monde entier; il
conserva toujours la simplicité républicaine de son caractère et de son genre de vie; il ne quitta pas le vête-
ment de sa ville de Philadelphie, la ville des quakers,
qu'il aimait tant; malgré cela, il était toujours le bienvenu aux Tuileries ou au palais de Versailles, et tels
étaient la légèreté parisienne de son esprit, l'enjouement
de ses dispositions, que bien qu'âgé de plus de soixante-
dix ans, il dansait avec les dames de la cour brillante
de Louis XVI. (*Rires et applaudissements.*)

On ne peut lire l'histoire de la France sans être frappé
d'étonnement et d'admiration pour la force, l'énergie et
les ressources qu'elle a déployées à cette époque, tout
juste avant sa grande Révolution. Quand le traité d'alliance fut signé, le cœur martial de la France s'enflamma
et jamais les sympathies d'un peuple pour un autre ne
se sont manifestées avec autant de vigueur que celles
de la France pour les colonies américaines. Des forces
armées semblaient sortir de terre; des hommes pleins
d'ardeur se précipitaient pour ainsi dire dans vos arse-
naux et dans vos usines pour fabriquer le matériel d'une
expédition telle que le monde en a raremement vu une
semblable. Une activité sans pareille régnait partout, et
partout on n'entendait que le bruit des préparatifs qui
se faisaient et le son des marteaux qui retentissaient sur
le fer. Écoutant en imagination ces bruits qui réson-
naient dans vos centaines de chantiers, on peut leur ap-

pliquer les beaux vers du mieux doué des poëtes américains : Longfellow :

> De quels pesants marteaux que de coups sur l'enclume !
> Quel feu dans la fournaise où le charbon s'allume !
> Que d'efforts pour forger *nos* ancres de salut !

Si grande que la France soit aujourd'hui — et grande
et puissante j'espère qu'elle sera toujours (*longs applaudissements*), — si riche qu'elle soit en activité, en in-
telligence, en biens matériels, et malgré les puissants
moyens d'action qui appartiennent aux temps modernes :
la vapeur, le télégraphe, les chemins de fer, il m'est difficile de croire qu'elle pourrait maintenant accomplir
dans le même laps de temps ce qu'elle a accompli il y a
un siècle. (*Très-bien !*) Il est presque incroyable qu'elle
ait pu, en si peu de temps, armer et mettre en mer
soixante-sept navires ou transports, et soixante et une
frégates ou corvettes, chargés d'armes, de provisions
de guerre, et portant des milliers de soldats, la fleur
de la jeunesse française, qui, affrontant les vagues, les
orages et les tempêtes, sont allés, au delà des mers,
tendre une main amie et secourable à mes compatriotes
à l'époque de leurs plus dures épreuves. (*Applaudissements enthousiastes.*)

Mais je dois me presser de terminer. Il y a ici des
personnes dont les voix éloquentes auront plus d'é-
cho que la mienne, car je vois parmi vous beaucoup de
vos honorables concitoyens qui se distinguent par leurs
talents et par leur patriotisme : des membres de votre
ministère, dont la présence atteste les sympathies pour
le grand objet que vous avez en vue, des députés, des

magistrats, des officiers de l'armée et de la marine
d'un rang élevé, des avocats, des savants, des poëtes,
des hommes de lettres, des représentants de toutes les
grandes industries de la France, ainsi que beaucoup de
mes propres concitoyens qui sont connus et honorés à
l'étranger autant que dans leurs foyers mêmes.

Je ne puis terminer, cependant, sans témoigner ici
de l'éternelle gratitude de mon pays pour la France.
Après celui qui fut « le premier pendant la guerre, le
premier pendant la paix et le premier dans nos cœurs »
(Washington), ma pensée s'arrête sur la seconde grande
figure de notre histoire révolutionnaire, sur celui dont
le nom tremble sur mes lèvres : Lafayette! (*Émotion.*)
— Washington et Lafayette — deux noms qu'entoure la
même auréole de gloire et qui vivront aussi longtemps
que la liberté civile ne sera pas un vain mot dans les
deux hémisphères. (*Vifs et longs applaudissements.*) Les
noms de bien d'autres de vos compatriotes seront aussi
toujours chers à la mémoire et au cœur du peuple américain. Il y a celui de Rochambeau qui commanda si
heureusement toutes les forces françaises et qui, à la fin,
partagea avec Washington et Lafayette la gloire de recevoir les drapeaux de Cornwallis à Yorktown. Avec
quelle joie mes compatriotes ont pu ce soir fêter ici
même la présence des petits-fils de Lafayette, de Rochambeau, de Bouillé! nos cœurs et nos mains se sont
élancés vers eux avec reconnaissance, en souvenir des
services que leurs ancêtres ont rendus à mon pays.
(*Longs applaudissements.*)

Je pourrais poursuivre cette énumération de vos concitoyens qui se sont immortalisés dans la grande lutte

de notre indépendance. D'Estaing, de Grasse, le duc de Lauzun, le chevalier de Ternay, de Choiseul, de Chastellux, de Bouillé, et tant d'autres dont les noms ne mourront pas et seront toujours vénérés parmi nous. Jamais, messieurs, jamais mes compatriotes n'oublieront aussi le courage, la persévérance et les souffrances de ces simples soldats français qui ont combattu côte à côte, épaule contre épaule, avec les soldats américains et versé comme de l'eau leur généreux sang pour la défense de nos libertés. Leurs cendres sont restées mêlées à notre sol sur ces mémorables champs de bataille qu'ils avaient déjà rougis de leur sang. Puisse le gazon croître plus vert et la fleur sauvage s'épanouir plus belle sur leur tombe ignorée. (*Applaudissements redoublés.*)

Je remercie encore M. Henri Martin pour le toast qu'il a porté au président des États-Unis ; je remercie également tous ceux qui m'ont fait ici un si gracieux accueil, et je demande la permission de porter, à mon tour, une santé :

« Au maréchal de Mac-Mahon, président de la République française, au brave soldat et honnête homme qui a montré, par l'exemple, que dans la vie civile, l'art de gouverner le plus heureux et le plus profond est basé sur le solide fondement de l'honneur, de l'intégrité, et d'un inaltérable dévouement au bien général. » (*Applaudissements prolongés.*)

Le discours de M. Laboulaye qui a succédé, comme orateur, à M. Washburne, est un modèle achevé d'éloquence, de sagesse politique et patriotique, de tact, de spirituelle et fine ironie. C'est, à la fois, l'œuvre d'un moraliste, d'un politique, d'un patriote, d'un écrivain et d'un littérateur. Dit avec un charme parfait, on éprouve cependant presque autant de plaisir à le lire, qu'on en avait à l'entendre.

Voici le texte de ce remarquable discours :

Messieurs,

Nous sommes réunis ce soir pour célébrer et pour cimenter l'amitié qui unit la France et l'Amérique; cette amitié est de bien vieille date, et lorsque l'année prochaine, au 4 juillet, l'Amérique fêtera l'anniversaire de sa déclaration d'indépendance, elle célébrera, en même temps, l'anniversaire de son alliance avec la France. (*Très-bien! très-bien!*)

En effet, comme le disait si bien tout à l'heure M. Washburne, le jour où les colons, répandus sur le littoral de l'Atlantique, se réunirent par leurs délégués à Philadelphie pour déclarer leur indépendance et se décider à braver la toute-puissance de l'Angleterre, ils sentirent qu'ils n'avaient qu'un appui en Europe; et cet appui c'était la France! (*Applaudissements.*)

Aussi, le premier cadeau que l'Amérique fit à la France, fut-il de lui envoyer Franklin.

Lorsque Franklin vint en France, il avait alors soixante-dix ans, et lorsque le congrès le chargea de cette mission, il répondit avec l'ingénuité du patriote : « C'est la fin de la pièce, c'est la lisière du drap, faites-en ce que vous voudrez; d'un vieux bonhomme comme moi, que peut-on faire de mieux qu'un martyr? »

Et, en effet, s'il eût été pris par les Anglais, il eût fini par la corde. En France même, sa situation n'était pas encore très-sûre; les lois d'extradition étaient fort simples en 1776 ; le roi de France, à cet égard, faisait ce qu'il voulait ; on aurait pu livrer le docteur aux Anglais ; mais je n'ai pas besoin de dire que telle ne fut jamais la pensée du roi Louis XVI.

Le bonhomme Franklin avait dix fois plus de finesse que le plus fin des Français. Avec ses cheveux longs, sans poudre, son costume sombre, sans galons, sans broderies, c'était le plus habile des diplomates ; il mit bien vite de son côté le gouvernement français, et non-seulement le gouvernement, mais la nation tout entière.

La première chose qu'il fit, ce fut de mener à Voltaire son petit-fils.

Voltaire, c'était à lui seul tous les journaux d'aujourd'hui, c'était la popularité en personne. Franklin conduisit son petit-fils auprès de Voltaire ; celui-ci mit ses mains sur la tête de l'enfant en disant : *God and liberty*. Dieu et la liberté ! voici la seule bénédiction qui convienne au fils de Franklin !

Nous avons accepté Franklin comme un des nôtres ; il y a en France beaucoup de gens qui seraient étonnés si on leur apprenait que Franklin n'était pas Français. (*Rires et applaudissements.*)

Nous l'avons et nous le gardons. (*Rires.*)

Au moment où le docteur arrivait à Paris, la France à son tour envoyait un de ses enfants en Amérique. Je dis bien, un enfant, car c'en était un. C'était un jeune homme qu'on n'accepterait pas aujourd'hui comme un volontaire d'un an. C'était le marquis de Lafayette. Marié à seize ans, il était, à dix-neuf ans, en garnison à Metz, quand à un dîner donné au duc de Glocester, il entendit ce frère du roi d'Angleterre parler avec dédain de ces *insurgents* américains qui avaient l'audace de se déclarer indépendants.

« En entendant ce langage, dit Lafayette, mon cœur fut enrôlé. » Revenu en toute hâte à Paris, il proposa à ses deux amis, Noailles et de Ségur, de partir avec lui pour l'Amérique. Rien ne l'arrêtait; il avait pris pour devise : *Cur non?* « Pourquoi non? » Noailles et de Ségur, tous deux aussi jeunes que leur ami, furent retenus par leur famille.

Lafayette s'adresse au vieux maréchal de Broglie qui lui dit : « J'ai vu mourir votre grand-père en Italie; j'ai vu tomber votre père à Minden : je ne veux pas que vous alliez vous faire tuer en Amérique. »

Rien ne put l'arrêter : Lafayette était poussé par une foi ardente; il était soutenu par le dévouement d'une femme admirable qui sacrifia tout pour que son mari allât défendre la liberté.

Quand le jeune marquis se présenta aux commissaires américains, ils lui dirent : « Comment pourrions-nous vous donner du service en Amérique? Nous n'avons ni argent, ni armes, ni navires! »

Lafayette répondit en équipant un navire à ses frais. La cour de France voulut arrêter cette entreprise dont la hardiesse l'effrayait; Lafayette fit passer le navire en Espagne, gagna la frontière, déguisé en courrier, et confia hardiment sa fortune à l'Océan, au risque d'être pris par les Anglais.

Quand ce héros de dix-neuf ans arriva à Philadelphie, où siégeait le Congrès, il se trouva confondu avec cette foule de gens que l'on retrouve toujours là où il y a des guerres et des révolutions.

Gens très-braves, mais souvent aussi intrigants et exigeants ; il n'en était pas un qui ne voulût être major général.

D'abord assez mal reçu, Lafayette fit passer au Congrès une note bien simple :

« Le marquis de Lafayette demande deux choses : servir comme volontaire ; servir à ses frais. »

On fit attention à ce gentilhomme français, qui se présentait d'une manière si différente des autres. Quelques jours plus tard, Lafayette fut présenté à Washington. Le général américain, placé en face d'un brillant officier français, lui dit que ses hommes étaient peu exercés aux belles manœuvres, et n'avaient pas l'élégance des armées du continent. En d'autres termes, ils ne savaient pas faire l'exercice à la prussienne.

« Je suis venu ici, dit Lafayette, non pour critiquer, mais pour apprendre. »

Washington, touché par tant de candeur et de modestie, prit Lafayette dans son état-major, *dans sa famille militaire*, et l'aima bientôt comme un fils.

Dès lors commença une amitié que rien ne devait troubler : Washington eut toujours pour Lafayette la tendresse d'un père, et Lafayette eut toujours pour Washington le respect et l'affection d'un fils.

Lafayette fit la fameuse campagne de 1777 ; il fut blessé à Brandywine et passa un hiver rigoureux dans ce camp de Valley-Forge resté célèbre en Amérique par les misères que l'armée y endura.

En 1779, Lafayette revint en France ; on annonçait que le roi de France se décidait à prendre parti pour les « insurgents ». Lafayette voulait se battre sous le drapeau français. Il fut accueilli avec un enthousiasme immense. Il raconte lui-même qu'il en fut étonné. « Le premier jour, dit-il, toutes les femmes voulaient m'embrasser. »

A peine reçu à Versailles, la reine le fit nommer colonel du régiment du Roi-Dragons.

Mais ce n'était pas des honneurs que Lafayette venait chercher en France ; ce qu'il lui fallait, c'étaient des hommes et de l'argent pour ses chers alliés.

« Il est heureux, disait le vieux ministre Maurepas, qu'il ne prenne pas fantaisie à ce jeune homme de déménager Versailles, car il enverrait tout en Amérique. » (*Rires et applaudissements.*)

En 1780, Lafayette retournait en Amérique ; il annonçait l'arrivée du général de Rochambeau, avec un corps de quatre mille hommes, non pas plus braves, mais mieux armés que les troupes américaines. Les Français auraient pu disputer la primauté, si Louis XVI, avec une délicatesse admirable, n'avait décidé par avance que l'armée française serait considérée comme auxiliaire, et placée sous le commandement suprême du général Washington.

Les deux armées combinées forcèrent le commandant des forces anglaises, lord Cornwallis, à s'enfermer dans York-Town, dont elles firent le siége. Viomesnil et Saint-Simon commandaient les troupes françaises, sous les ordres de Rochambeau ; Lafayette était à la tête des troupes américaines.

York-Town fut obligé de se rendre, le 19 octobre 1781 ; la paix était assurée, l'Angleterre renonçait à une guerre stérile. Lafayette revint en France ; il fut nommé maré-

chal de camp, et, par une attention délicate, le comte de
Ségur, ministre de la guerre, voulut que cette nomina-
tion fût datée du jour même de la prise de York-Town.
(*Applaudissements.*)

Parlerai-je de cette armée française qui fit l'expédition
d'Amérique ? Messieurs, nous avons au musée de Versailles une salle des Croisades ; il ne serait pas moins
intéressant de faire une salle de la guerre d'Amérique,
et d'y réunir les écussons de cette noblesse française
qui se disputait l'honneur d'aller aux États-Unis pour y
combattre en faveur de la liberté.

Le général en chef était de Rochambeau ; à côté de lui
étaient Saint-Simon, Viomesnil, Chastellux, Lauzun, qui
devait finir si misérablement. Par sa gaieté, sa simplicité, sa belle humeur, Lauzun était en grande faveur auprès des Américains.

Un jour, causant avec un fermier américain, ce brave
homme lui dit : « Que fait votre père ? — Il est maréchal,
répondit Lauzun. — C'est un bon état, reprit le fermier
qui, en fait de maréchaux, ne connaissait que les maréchaux ferrants. C'est un bon état, jeune homme, et
vous ferez bien de le conserver. » (*Rires et applaudissements.*)

Parmi les jeunes officiers figuraient Noailles, Lameth,
Charles de Castries. Je m'arrête devant ce nom ; M. le
duc de Castries a été l'aïeul d'une dame qui occupe aujourd'hui le premier rang des dames de France, et que
nous respectons et que nous admirons tous par sa cha-
rité et son grand cœur : madame la maréchale de Mac-
Mahon. (*Vifs applaudissements.*)

Citerai-je encore Laval-Montmorency, de Damas, de

Bouillé, Mathieu-Dumas, Gouvion-Saint-Cyr, Custines, Duportail, Berthier, le futur prince de Wagram, Mauduit-Duplessis, et un certain colonel Armand, célèbre par son courage, et qui n'était autre que le marquis de la Royerie, personnage énigmatique, dont la mort est un mystère et la vie un roman.

Notre marine n'était pas moins belle que notre armée. Je citerai des noms restés justement célèbres : de Grasse, d'Estaing, Ternay, Destouches, de Barras, Albert de Rioms, Suffren, le héros des mers de l'Inde, Lapeyrouse, destiné à une fin si tragique ; Latouche, qui devait s'illustrer sous l'Empire.

Dans la diplomatie, je nommerai M. Gérard de Rayneval, le chevalier de la Luzerne, qui rendit tant de services aux deux pays.

Parmi nos ministres, nommons au premier rang M. de Vergennes, dont on faisait tout à l'heure un si juste éloge. La guerre était entre les mains du comte de Ségur, la marine sous la direction de M. de Castries.

La vieille monarchie, près de disparaître, jetait encore un dernier éclat, comme le soleil couchant qui, avant de s'éteindre, jette encore, dans un ciel adouci, un dernier rayon de pourpre et d'or. (*Sensation et vifs applaudissements.*)

Après la guerre d'Amérique, qui avait rendu à la France la place qui lui appartenait, et qui l'avait vengée des humiliations de la guerre de Sept ans, vint la Révolution de 1789. Dans cette révolution, on voit au premier rang ceux qu'on nommait les « Américains », c'est-à-dire ceux qui avaient rapporté des États-Unis l'amour

de la liberté, mais qui peut-être n'avaient pas rapporté
la sagesse du peuple américain.

Le général Mathieu Dumas nous conte dans ses *Mé-
moires* qu'un des hommes les plus considérables de la
Révolution américaine, le docteur Cooper, de New-York,
lui disait, ainsi qu'à ses amis : « Jeunes gens, jeunes
gens, il a fallu beaucoup de sang pour conquérir l'in-
dependance américaine, il vous faudra des flots de sang
pour établir la liberté dans votre vieux pays. »

Il est remarquable que dès le début de notre révolution, les Américains nous recommandèrent la prudence
et s'effrayèrent de nos entraînements.

Au lendemain du serment du Jeu de paume, Jefferson,
le chef du parti démocrate en Amérique, à qui on a quelquefois reproché l'ardeur de ses opinions, disait à Lafayette : « Demandez au roi la liberté de la presse et la
liberté de conscience. Vous pouvez l'obtenir en ce moment ; demeurez-en là, laissez faire au temps, le reste
viendra par surcroît. »

En 1815, Jefferson rappelait cette conversation à Lafayette et lui disait :

« En 1789, vous avez cru que la France pouvait supporter plus de liberté ; peut-être aviez-vous raison ; mais
il a fallu compter avec les passions des partis, et vous
voici maintenant revenus au point de départ. »

C'était vrai. Nous avions des illusions de moins et des
partis de plus.

Lafayette et ses amis ne renoncèrent jamais aux con-
victions de leur jeunesse. C'est ce que l'empereur ne
leur pardonnait pas.

Le matin de la bataille de **Wagram**, Napoléon disait

au général Mathieu Dumas : « Vous étiez de ces im éci
les qui croyaient à la liberté.

— Oui, sire, et je suis encore de ceux-là.

— Bah! vous n'avez songé qu'à votre ambition. »

Quand on juge ainsi les hommes, on a trop de finesse
on les juge toujours mal. (*Très-bien! très-bien!*)

Après la Restauration, c'est du côté de l'Amérique
que se tournent nos vieux soldats ; c'était là qu'était le
champ d'asile, c'est là qu'on allait chercher une liberté
que les vieux soldats de l'Empire se plaignaient de ne
pas trouver en France.

En 1824 se passa un fait qui produisit une grande
émotion en France. Les États-Unis voulurent montrer
que les peuples sont souvent moins ingrats que les
rois.

Lafayette fut appelé en Amérique par une décision du
Congrès ; il l'avait quittée depuis quarante ans ; du-
rant toute une année on le promena dans les États-
Unis de ville en ville, au milieu d'un enthousiasme uni-
versel.

Ce pays qu'il avait laissé peuplé de trois millions d'habitants, il le retrouvait avec une population de dix millions d'âmes ; les États s'étaient multipliés ; les fils et
petits-fils de ceux qui avaient combattu autour de Lafayette venaient le saluer et le bénir ; c'est peut-être la
plus grande récompense qu'ait jamais reçue un citoyen, et un hommage qu'aucun souverain peut-être
n'a jamais obtenu. (*Vifs applaudissements.*)

En 1830, Lafayette fut porté naturellement au commandement de la garde nationale ; et, à ce propos, per-
mettez-moi de vous conter un souvenir personnel.

Au mois de novembre 1830, la 7ᵉ légion dont je faisais partie offrit un banquet au général Lafayette, qui avait pour chef d'état-major le général Mathieu Dumas. J'étais alors le plus jeune et le plus petit grenadier de mon bataillon; mais j'aimais déjà l'Amérique : aussi je me souviens de cette soirée comme si c'était d'hier.

Je vois encore le général Lafayette tel que nous le représente le beau portrait d'Ary Scheffer. Le général Mathieu Dumas nous conta ce qui suit :

En 1780, nous dit-il, lorsque la flotte française arriva à Rhode Island, le général Washington vint visiter l'armée française. A son retour, le soir, je faisais partie de l'escorte. A chaque village, nous trouvions des enfants qui venaient avec des torches au-devant du cortége.

Le général Washington, plaçant sa main sur la tête d'un de ces enfants, dit : « L'avenir est sombre; je ne sais pas si nous réussirons, mais, si nous ne réussissons pas, ces enfants nous vengeront. » Mathieu Dumas nous appliquait cette parole de Washington et nous disait : « Si nous ne réussissons pas à fonder la liberté, vous, mes enfants, vous nous vengerez. »

Depuis longtemps, hélas! nous cherchons la terre promise; les Hébreux sont restés quarante ans dans le désert, sans entrer dans cet heureux séjour; pour nous, qui l'appelons depuis quatre-vingts années, espérons que nous y arrivons. (*Applaudissements.*)

Peu de temps après la révolution de 1830, partait pour l'Amérique un homme qui devait nous donner de nouvelles raisons d'aimer notre fidèle alliée. C'était le petit-fils de Malesherbes, M. de Tocqueville : il allait là-bas,

avec le petit-gendre de Lafayette, M. Gustave de Beau-
mont, pour étudier le système pénitentiaire ; il en revint effrayé et charmé de la démocratie qu'il avait
vue....

Vous connaissez son livre? Ce fut une nouvelle popularité pour l'Amérique, une nouvelle raison de l'aimer
(*Applaudissements*). Tocqueville avait senti que l'Amérique était pour la France une meilleure école de liberté
que l'Angleterre ; par ses idées et ses mœurs, la société
américaine est plus près de nous.

L'Amérique est bien anglaise d'origine, mais elle a
oublié d'emporter chez elle la noblesse et la royauté.
(*Applaudissements.*)

Plus tard, dans une circonstance cruelle, lors de la
sécession, on put dire que la France et l'Amérique se
sont retrouvées. Il y a dans la vie des peuples comme
dans celle des hommes des moments de calme, où l'on
ne distinguerait pas les amis et les parents des indiffé-
rents ; mais viennent des circonstances difficiles, on ne
pense plus qu'aux amis. Vous vous rappelez avec quelle
chaleur la presse française soutint la cause des Américains — je ne voudrais rien dire de blessant contre les
Américains du Sud. Mais diviser ce grand continent fait
pour être uni, le condamner à ces divisions politiques
qui sont le fléau de l'Europe, y implanter des jalousies
nationales, des armées, des luttes de douanes, condamner ce grand continent à nos guerres perpétuelles, c'eût
été, je crois, un grand malheur (*Applaudissements*). D'un
autre côté, en France, tous les cœurs étaient pour l'abolition de l'esclavage ; et je me permettrai, à ce propos,
de rappeler le souvenir de deux hommes que je nomme-

rai entre beaucoup d'autres parce qu'ils sont morts et qu'ils étaient mes amis. Le premier, c'était Cochin, qui était, je ne dirai pas catholique-libéral, puisque c'est un nom mal porté (*sourires*), c'était un catholique et un libéral.

En l'entendant à Paris faire l'éloge de Lincoln, j'ai toujours regretté qu'il ne fût pas entré dans les assemblées délibérantes; il était destiné à y jouer un grand rôle; il avait l'art de bien dire et l'amour du bien. (*Applaudissements.*)

Le second, M. de Gasparin, était un protestant plein de foi, et confiant dans l'éternelle justice.

Au lendemain de la guerre de sécession, il avait la hardiesse de donner à un beau livre ce titre qui semblait un défi porté aux événements : *Un grand peuple qui se relève*. Il annonçait fièrement que le résultat de la guerre serait l'abolition de l'esclavage, et il avait raison. M. de Gasparin a laissé en Amérique de nombreux souvenirs et de nombreuses amitiés; mais n'oublions pas que s'il aimait l'Amérique, il avait plus encore le cœur français. Il fut le premier à recevoir nos pauvres soldats réfugiés en Suisse; il les soigna avec un dévouement infatigable, mais sa santé ne put résister à cette épreuve cruelle. Il est mort du deuil de la patrie. (*Sensation et applaudissements.*) Messieurs, il y a là pour nous de grands exemples; heureux les peuples comme les hommes qui peuvent regarder dans leur passé en y trouvant des souvenirs aussi purs ! (*Sensation.*)

Mais, à cette amitié de la France et de l'Amérique, il fallait donner un corps. Toute idée appelle un symbole.

Ce symbole, M. Bartholdi l'a trouvé. M. Bartholdi qui nous est doublement cher comme Français et comme Alsacien (*vifs applaudissements*), comme auteur du Lion de Belfort et de cette statue dont vous avez la réduction sous les yeux. C'est lui qui a eu l'idée d'ériger ce colosse, et, quoique je ne sois pas artiste, je crois pouvoir dire, sans me tromper, qu'il y a là une grande idée. (*Très-bien! très-bien!*)

En général, quand on imagine une statue colossale, on ne sait où la placer. J'ai vu cette fameuse *Bavaria* de Munich dans une plaine; on ne sait pourquoi elle est là plutôt qu'ailleurs.

On suppose que c'est l'ombre de la Bavière (*rires et applaudissements*); mais la statue de l'indépendance de M. Bartholdi aura derrière trois grandes villes : New-York, Brooklyn, Jersey-City.— Cette statue n'est pas trop grande devant cette immensité. (*Applaudissements.*) Le colosse de Rhodes, qui voyait passer entre ses jambes de petites barques assez mal pontées, ne serait qu'un jouet d'enfant auprès de notre statue. Elle ne ressemblera pas à ces colosses de bronze si vantés, et dont on raconte toujours avec orgueil qu'ils ont été coulés avec des canons pris sur l'ennemi; c'est-à-dire qu'ils rappellent le sang versé, les larmes des mères, les malédictions des orphelins.

Notre statue aura sur ces tristes monuments un grand avantage : c'est qu'elle sera faite de cuivre vierge, fruit du travail et de la paix. (*Vifs applaudissements.*)

A vous, messieurs les journalistes, je dirai que nous avons besoin de votre concours. L'écho de votre voix est formidable. Aidez-nous. Notre entreprise n'est pas une affaire de parti : il n'y a ici que des patriotes. L'ancienne France comme la nouvelle y trouvera son compte. Qu'on songe à Louis XVI ou à la République ; ici tout nous ramène à l'Amérique.

Demain, les tristes nécesités de la politique nous diviseront ; demain, nous nous querellerons peut-être. Aujourd'hui, nous sommes tout à l'amitié. (*Applaudissements.*) Si nous avons un terrain, si petit qu'il soit, où nous puissions nous entendre et nous donner la main, restons-y ce soir ; restons-y demain. Faites qu'en renouvelant ce traité d'alliance et d'amitié avec les États-Unis, chacun se rapproche et que, grand ou petit, aucun Français ne refuse sa signature. (*Applaudissements chaleureux.*)

Je m'adresse maintenant à messieurs les exposants de Philadelphie : avant ou après l'Exposition, prenez un peu de temps, messieurs, pour aller voir la chute du Niagara, et là, passez sur l'autre rive ; entrez dans le Canada, dans ce pays qui s'appelait autrefois la *Nouvelle France*. Il y a cent ans encore, quand le malheur de la guerre nous a forcés d'abandonner nos possessions d'Amérique, le Canada ne comptait que 63 000 habitants ; il en a aujourd'hui 1 200 000. Le Canada est resté fidèle au souvenir de la mère patrie ; il en conserve pieusement le langage, les lois et les mœurs ; mais vous verrez que le voisinage de l'Amérique lui a donné la pratique de la liberté, et que nos Canadiens s'entendent aussi bien à se gouverner eux-mêmes que les Américains.

Les Canadiens vous parleront encore de Montcalm, dernier défenseur de la France, sur les bords du Saint-Laurent. Là-bas vous trouverez partout le souvenir de

nos soldats, de nos colons, et de ces missionnaires jé-
suites et récollets qui parcouraient hardiment ces soli-
tudes, catéchisant les Indiens, et travaillant à la fois
pour Dieu et pour la France ; ce sont eux qui ont décou-
vert le Mississipi.

Descendez ce grand fleuve, et quand vous arriverez à
Saint-Louis, quand vous verrez cette troisième capitale
des États-Unis, avec sa population nombreuse, son pont
gigantesque, ses quarante vapeurs qui passent tous les
jours, rappelez-vous que ce sont nos Français qui ont
fondé Saint-Louis. Et si vous descendez jusqu'aux em-
bouchures du fleuve, si vous visitez la Nouvelle-Or-
léans, vous retrouverez partout le nom de deux Français, Cavalier de la Salle et d'Iberville. (*Très-bien! très-
bien!*)

Mon second conseil, c'est de vous garder de vos premières impressions ; quand on n'est pas habitué à la liberté et aux mœurs qu'elle enfante, on voit facilement
les défauts d'un pays démocratique ; on n'en voit pas
les qualités.

Visitez les écoles, les hôpitaux, les églises, et quand
vous verrez de près ce que produit l'activité d'un peuple libre, vous en serez émerveillés.

Il en est de la liberté comme de la vendange de nos
vignerons. Il y a là une fermentation qui jette l'écume
à la surface et précipite au fond la lie ; mais au milieu
se trouve la liqueur abondante et généreuse qui fait la
force et la richesse d'un pays. (*Applaudissements.*)

Quant à vous, messieurs, qui venez d'Amérique et
que nous avons le bonheur de posséder ce soir ; vous,
qui vous êtes exprimés si noblement par la bouche

de votre honorable ministre, reportez dans votre pa
trie ce que vous avez vu et entendu; dites à vos concitoyens que la France est toujours restée fidèle à l'Amérique.

Aujourd'hui, d'autres peuples plus heureux, plus re-
muants, peuvent essayer de disputer votre affection ;
mais rappelez-vous que lorsque vous étiez faibles et
abandonnés, c'est la France qui a pris avec empresse-
ment la main que vous lui tendiez. (*Applaudissements
prolongés*).

Dans un siècle, on célébrera encore le centenaire de
l'indépendance. Nous ne serons plus alors qu'une pous-
sière oubliée ; l'Amérique, qui aura plus de cent millions d'habitants, ignorera nos noms, mais cette statue
restera ; elle sera le souvenir de cette fête, la preuve vi-
sible de notre affection. Symbole d'une amitié qui brave
les orages du temps, elle sera là, inébranlable au milieu des vents qui gronderont autour de sa tête, et des
flots qui briseront leur fureur à ses pieds. (*Applaudissements.*)

Aux générations nouvelles, elle dira que les compatriotes de Lafayette sont restés les amis et les frères des
compatriotes de Washington. (*Chaleureux applaudissements.*)

Maintenant, messieurs, je vous propose un toast qui
résume nos sentiments, nos désirs, nos espérances : A
l'amitié, à l'éternelle amitié de la France et de l'Amérique.

Le dernier orateur a été le colonel J. W. Forney, qui s'est
exprimé en anglais, comme M. Washburne.

Voici la traduction de son discours.

Messieurs,

Le monument que vous avez l'intention d'élever sur l'île de Bedloe, près du port de New-York, sera, pour me servir des termes mêmes de la circulaire d'invitation, « un souvenir de l'ancienne amitié entre l'Amérique et la France, souvenir inauguré par les deux peuples. » Je ne saurais exprimer le plaisir que j'éprouve d'être appelé en ma qualité de citoyen américain, à prendre part à ces préparatifs sympathiques.

Rien d'utile, dans l'époque civilisatrice où nous vivons, comme les actes qui ont pour but de célébrer la paix universelle; et c'est une coïncidence de bon augure que la fondation de ce monument grandiose, commémoratif de l'amitié immuable entre la France et les États-Unis, doive avoir lieu pendant l'année centenaire, à l'époque même que le peuple américain, dans un élan fraternel, a choisie pour inviter les autres peuples du monde à s'unir à lui pour célébrer le premier centenaire de son existence nationale.

Comme œuvre d'art, cette création du génie fertile de mon ami M. Bartholdi mérite l'admiration de tous; et comme symbole d'amitié, les générations de l'avenir reconnaîtront en elle un témoignage bien choisi de la part d'un peuple des plus anciens, au peuple le plus jeune qu'il y ait, à un peuple chez lequel l'esprit de progrès est des plus développés.

Il ne faut donc pas s'étonner que la France, qui a eu la première idée de ce témoignage magnifique, ait consenti d'une façon unanime à la demande du président des États-Unis. Sous ce rapport, il n'y a pas eu de dissension parmi ceux qui représentent, chez vous, des intérêts divers.

L'exécutif, l'Assemblée, le cabinet et la presse; les artistes, les industriels et les ouvriers, se sont empressés de reconnaître, avec joie, que l'Exposition américaine serait une occasion des plus propices pour accroître l'entente cordiale entre la France et les États-Unis, et pour donner un nouvel essor aux relations commerciales, résultat inévitable de ces influences merveilleuses qui tendent sans cesse à rapprocher entre eux des mondes éloignés.

Les mesures décisives que prit votre Assemblée nationale, d'après la proposition de l'éminent M. Laboulaye, en votant les fonds nécessaires pour couvrir les frais de la section française, furent l'initiative formelle de la coopération cordiale des autres divisions de votre administration.

Moi, de ma personne, je me fais un plaisir de signaler la courtoisie qu'ont témoignée à notre égard votre ministre des affaires étrangères, M. le duc Decazes, et votre ministre des finances, M. Léon Say, lorsque le ministre américain, M. Washburne, et moi nous sommes allés, il y a environ un an, chez ces illustres hommes d'État pour solliciter la coopération de la France à l'Exposition américaine.

Mais de tous ces souvenirs agréables, il n'en est pas qui le soit plus que l'accueil généreux que me fit M. du Sommerard, l'éminent directeur du musée de Cluny, lorsque j'eus l'honneur de le voir, à peu près à la même époque, pour lui exprimer de nouveau combien la commission centenaire américaine était désireuse que la France prît part à notre Exposition.

Et aujourd'hui, messieurs, nous sommes à même d'apprécier, grâce à sa sagesse et à son énergie, quel appui sincère le gouvernement français vient apporter à une cause qui doit encourager d'une façon inévitable et matérielle le progrès humain, quelle qu'en soit la nature.

Cette réunion internationale à Philadelphie se présente, en effet, sous d'heureux auspices, non-seulement sous le rapport de l'occasion elle-même, mais aussi en ce qu'on a su saisir cette occasion, et en profiter avec habileté; et surtout en ce que les conséquences ne peuvent être que des plus avantageuses.

Nous aurons, de tous les points du globe, des représentants reconnus des arts, des sciences et des gouvernements. La Grande-Bretagne, oubliant le passé pour ne songer qu'à ses relations futures avec les Américains, ne perdit pas de temps à se mettre en campagne.

Vous avez tous entendu parler de M. P. Cunliffe Owen, C. B., directeur du South Kensington Museum, à Londres. S'étant, comme M. du Sommerard, pour ainsi dire identifié avec plusieurs expositions modernes en Angleterre, en France, en Autriche et ailleurs, le choix qu'en a fait le gouvernement anglais assure à l'Exposition internationale américaine un conseiller et un ami dont

Iserait difficile d'exagérer la valeur. C'est le type de l'époque cosmopolite où nous vivons, et toutes les expositions européennes ont tiré parti de ses conseils et de sa coopération; mais il n'est pas d'endroit où l'on en ait plus profité qu'aux États-Unis. Son enthousiasme, son énergie et sa prudence nous ont garantis, à Philadelphie, contre les erreurs de l'inexpérience et de l'étourderie.

Je voudrais qu'il fût ici, ce soir, pour nous entretenir au sujet de son voyage récent en Amérique, et pour vous expliquer les avantages indicibles qui doivent indubitablement résulter pour tous ceux qui prendront part à notre Exposition internationale.

Le monument dont j'ai le modèle sous les yeux sera un emblème hospitalier pour tous ceux qui viendront étudier nos institutions, ou passer leur vie sous leur paisible influence. Ce sera le premier objet qui frappera le regard du voyageur traversant l'Océan, et ce sera le dernier qu'il perdra de vue en quittant nos rives pour une terre lointaine. Que la divine providence veille jusqu'à la fin des siècles sur cet emblème permanent de la paix entre les hommes.

Tous les passages saillants de ces discours étaient soulignés, il n'est pas besoin de le dire, par les applaudissements, plus nombreux et plus marqués, peut-être, pour les discours français que pour les discours américains, par cette seule raison qu'il y avait là plus de gens capables de comprendre les premiers que les seconds.

M. Laboulaye a pris encore la parole après le colonel Forney, et en quelques paroles émues il a remercié vivement la Presse, dont le concours ne fera certainement pas défaut à l'œuvre du Comité.

Au milieu du banquet, vers neuf heures, le colonel Le Mat, membre de l'Institut national de Washington, a eu l'heureuse inspiration, immédiatement accueillie par tout le

Comité, d'envoyer au général Grant, président des États-Unis, l'expression dés sentiments de toute l'assemblée. Voici la copie dé la petite note qu'il a fait parvenir aux membres du Comité :

Messieurs,

En raison de l'importance de la noble cause qui nous réunit, je viens vous proposer d'envoyer immédiatement par voie télégraphique l'expression de nos sentiments au général Grant, président des États-Unis, ainsi qu'au maréchal de Mac-Mahon, président de la République française,

Colonel LE MAT.

Le bureau télégraphique du Théâtre-Français est à deux pas de l'hôtel du Louvre. A dix heures, la dépêche partait ; mais à cause de la différence d'heure qui existe entre Paris et New-York, le président Grant a dû recevoir la dépêche au moment de se mettre à table, c'est-à-dire vers cinq heures de l'après-midi. Ainsi il aura pu, à quelques milliers de lieues de distance, boire à la France en même temps qu'à Paris on portait sa santé.

Ce banquet qui a révélé, en quelque sorte, au public parisien et au public français l'existence du Comité, a attiré, de toutes parts, à son œuvre, les marques de la plus chaleureuse sympathie.

Une agitation féconde se répand de proche en proche.

Les conseils municipaux des principales villes de France s'empressent de suivre l'exemple donné par les villes de Paris, de Rouen, de Meaux, de Nancy, du Havre, et votent, comme elles, les fonds destinés à couvrir les frais de la grande entreprise de l'Union franco-américaine.

Le président de la République, tous les ministres, un grand nombre de députés ont envoyé leurs souscriptions.

Un riche métallurgiste de Paris, qui désire garder l'anonyme, s'est engagé à donner tout le cuivre nécessaire pour la statue, c'est-à-dire vingt-cinq tonnes ou vingt-cinq mille kilogrammes environ.

Un industriel américain vient d'écrire au Comité et lui propose de fournir gratuitement les appareils et la lumière qui seront employés pour l'éclairage du phare.

Le commerce et l'industrie, à Paris et en France, se sont montrés particulièrement favorables à l'œuvre internationale et patriotique de l'Union franco-américaine. Les souscriptions individuelles des industriels et des commerçants sont venues, en grand nombre, pour des sommes relativement importantes, et les carnets de souscription présentés dans les maisons de commerce, dans les usines, dans les grands ateliers, se couvrent rapidement d'adhésions et de signatures.

En Amérique, les sympathies ont été aussi vives, aussi générales qu'en France. La presse des États-Unis a accueilli avec une grande satisfaction l'annonce de la souscription ouverte en France et en Amérique. Les deux journaux français de New-York, le *Courrier des États-Unis* et le *Messager franco-américain*, en entretiennent leurs lecteurs dans presque tous leurs numéros. Le *Sun*, induit d'abord en erreur par une méprise du télégraphe, qui désignait une des îles du détroit de Long-Island comme le lieu où devait s'élever la statue, a fait ressortir, dans un remarquable article, tous les avantages qui pourraient résulter, pour les deux peuples, pour les Américains et pour les Français, d'une étroite et solide alliance, d'une fréquentation plus intime.

Le *Times*, de New-York, a parlé du projet le l'Union franco-américaine, sous une forme humoristique, légèrement ironique, mais au fond sympathique et affectueuse.

Le *Herald* et l'*Evening-Post*, de New-York, ont accueilli les communications du Comité avec reconnaissance et un véritable enthousiasme.

La souscription pour le piédestal obtient, en Amérique, le même succès que la souscription pour la statue, en France.

A l'époque du Centenaire, c'est-à-dire le 4 juillet 1876, la première pierre du monument sera posée solennellement dans l'île de Bedloe; et, à cette occasion, un navire sera mis à la disposition des membres français du Comité et des représentants de la presse française qui voudront se rendre à New-York.

Enfin, au moment où nous écrivons, les membres américains du Comité et leurs compatriotes présents à Paris se préparent à réunir les membres français de l'Union franco-américaine et la presse française dans un banquet semblable au banquet du 6 novembre.

Ce sont là d'heureux symptômes; mais il ne faut pas que cette salutaire agitation s'apaise avant que l'œuvre entière soit achevée, avant que la statue soit dressée dans la baie de New-York, comme un gage d'alliance entre les deux peuples, entre toutes les nations dont les navires viendront effleurer sa base, en parcourant ces eaux, les plus fréquentées de l'univers.

Fr. Favre.

Typographie Lahure, rue de Fleurus, 9, à Paris.